BEI GRIN MACHT SICH IHR WISSEN BEZAHLT

- Wir veröffentlichen Ihre Hausarbeit, Bachelor- und Masterarbeit

- Ihr eigenes eBook und Buch - weltweit in allen wichtigen Shops

- Verdienen Sie an jedem Verkauf

Jetzt bei www.GRIN.com hochladen und kostenlos publizieren

Hanife Kabaoglu

Konzept für Tagesmütter. Vorstellung und Präsentation der Vorteile

GRIN Verlag

Bibliografische Information der Deutschen Nationalbibliothek:

Die Deutsche Bibliothek verzeichnet diese Publikation in der Deutschen Nationalbibliografie; detaillierte bibliografische Daten sind im Internet über http://dnb.d-nb.de/ abrufbar.

Dieses Werk sowie alle darin enthaltenen einzelnen Beiträge und Abbildungen sind urheberrechtlich geschützt. Jede Verwertung, die nicht ausdrücklich vom Urheberrechtsschutz zugelassen ist, bedarf der vorherigen Zustimmung des Verlages. Das gilt insbesondere für Vervielfältigungen, Bearbeitungen, Übersetzungen, Mikroverfilmungen, Auswertungen durch Datenbanken und für die Einspeicherung und Verarbeitung in elektronische Systeme. Alle Rechte, auch die des auszugsweisen Nachdrucks, der fotomechanischen Wiedergabe (einschließlich Mikrokopie) sowie der Auswertung durch Datenbanken oder ähnliche Einrichtungen, vorbehalten.

Impressum:

Copyright © 2012 GRIN Verlag, Open Publishing GmbH
Druck und Bindung: Books on Demand GmbH, Norderstedt Germany
ISBN: 978-3-656-18724-0

Dieses Buch bei GRIN:

http://www.grin.com/de/e-book/192133/konzept-fuer-tagesmuetter-vorstellung-und-praesentation-der-vorteile

GRIN - Your knowledge has value

Der GRIN Verlag publiziert seit 1998 wissenschaftliche Arbeiten von Studenten, Hochschullehrern und anderen Akademikern als eBook und gedrucktes Buch. Die Verlagswebsite www.grin.com ist die ideale Plattform zur Veröffentlichung von Hausarbeiten, Abschlussarbeiten, wissenschaftlichen Aufsätzen, Dissertationen und Fachbüchern.

Besuchen Sie uns im Internet:

http://www.grin.com/

http://www.facebook.com/grincom

http://www.twitter.com/grin_com

Konzept

Von der Tagesmutter

Das Haus der Kätzchen

Inhaltsverzeichnis

Vorwort

1. Vorstellung der eigenen Person
2. Rahmenbedingungen
2.1 Lage der Tagespflegestelle
2.2 Vorstellung der Tagesräume
2.3 Rechtliche Rahmenbedingungen
2.4 Öffnungszeiten
3. Pädagogische Ansätze und Inhalte
3.1 Meine pädagogische Schwerpunkt
3.2 Entwicklungsbedingungen und – Möglichkeiten des einzelnen Kindes in der Tagespflegestelle
3.3 Sprachförderung
3.4 Soziale Kontakte zwischen den Kindern und Erwachsenen
3.5 Angebote und Förderung in den verschiedenen Entwicklungsbereichen
4. Mögliche Formen pädagogischer Arbeit
5. Tagesablauf
6. Ziele und Formen der Zusammenarbeit mit den Eltern
7. Eingewöhnung
8. Verpflegung
9. Bei Erkrankung
10. Zusammenarbeit mit anderen Institutionen und Fortbildung

Coverbild: pixabay.com

Vorwort

In der heutigen Zeit ist es nicht leicht, Kinder zu erziehen.
Viele Mütter und Väter müssen wegen der finanziellen Lage wieder arbeiten gehen oder um ihren Job nicht zu verlieren. Jetzt stehen sie vor der Entscheidung, ihr Kind in die Kinderkrippe zu geben oder zur Tagesmutter.

Die Vorteile einer Tagesmutter lassen sich leicht aufzeigen:
- ➢ Die Betreuungszeit ist der Arbeitszeit der Eltern anpassbar und es gibt keine festen Öffnungs- oder Schließzeiten.
- ➢ Ihr Kind nimmt an unserem Familienalltag teil. Es wird von mir, als feste Bezugsperson, betreut und erlebt eine familiäre Atmosphäre. Es nimmt diese auch als Lernfeld wahr, wie z.B: Einkaufen, Kochen, Umgang mit anderen Kindern in unterschiedlichen Altersgruppen, etc.
- ➢ Ich kann als einzelne Betreuungsperson individuell auf die Bedürfnisse der Kinder und Eltern eingehen.
- ➢ Das Essen wird täglich frisch von mir zubereitet.
- ➢ Durch die geringere Anzahl von Kindern ist die Ansteckungsgefahr für Infekte geringer.

1. Vorstellung der eigenen Person

Mein Name ist _____. Ich bin ___ geboren, verheiratet und Mutter von ___ Töchtern (geb. ____ und___).
Als ich meine Ausbildung als Kauffrau im Einzelhandel beendet, arbeitete ich in diesem Beruf, bis 2002. Als meine erste Tochter zur Welt kam, hatte ich die Idee, während meines Mutterschutzes selbst auf ein weiteres Kind aufzupassen, damit meine Tochter nicht alleine aufwächst.

Name, Vorname

Deshalb entschloss ich mich an einem Qualifizierungslehrgang für Tagesmütter bei der Familienbildung des Deutschen Roten Kreuz Rhein-Berg teilzunehmen. April 2012 werde ich das Zertifikat zur qualifizierten Tagespflegeperson voraussichtlich bekommen.

Ich betreue zwei bis fünf Kinder im Alter von 0 - 3 Jahren, um auf jedes Kind individuell eingehen zu können.

Zu erwähnen ist auch noch, dass es sich bei uns um einen Nichtraucherhaushalt handelt.

2. Rahmenbedingungen

2.1 Lage der Tagespflegestelle

Die Tagespflege befindet sich in meinen Privaträumen in einem 3-Familienhaus im Erdgeschoss, das sich Zentral in _____ auf der
Straße, Hausnummer
PLZ, Ort
befindet. Es gibt Parkplätze direkt auf dem Hinterhof des Hauses. So können Sie bequem parken und in Ruhe Ihr Kind bringen und abholen.

In 5 – 15 Minuten Gehweg hat man die Geschäfte, wie den Bäcker, Netto oder Kaufland erreicht, in denen wir z.b. für das Mittagessen und die Zwischenmahlzeiten einkaufen. Die nächste Kinderarztpraxis ist innerhalb von 10 Minuten mit dem Auto in _____ Mitte zu erreichen.

Wir haben einen schönen Wald bei uns in der Nähe. Dieser ist 15 Minuten zu Fuß von unserem Haus entfernt, Ich bin mindestens einmal die Woche mit den Kindern dort.

Bis zum nächsten Kindergarten, deren Kinder wir manchmal besuchen und mindestens einmal die Woche deren Turnhalle wir für Sport benutzen werden sind es 5 Minuten Gehweg.

Den naheliegenden öffentlichen Spielplatz finden wir direkt auf der anderen Straßenseite. Hinter unserem Haus auf der Terrasse haben wir unseren eigenen privaten Spielplatz mit vielen Möglichkeiten des freien Spielens.

Name, Vorname

2.2 Vorstellung der Tagespflegeräume

Ich betreue Kinder im Alter von Null bis drei Jahren an fünf Werktagen pro Woche. Die Tagespflege befindet sich in
Wenn man in die Wohnung kommt ist ein Flur von etwa 6 m². Jedes Kind hat hier ein Fach und einen Garderobenhaken, an dem es seine Jacke aufhängen kann. Rechts liegt der Gruppenraum von etwa 18m², den ich für die Kinder eingerichtet habe. In der Ecke des Raumes steht ein kleiner Tisch mit 4 kleinen Stühlen.
Im Flur gibt es eine kleine Toilette mit zu benutzen. Neben dem Gruppenraum befindet sich der Schlafraum, der liebevoll mit kleinen Matratzen eingerichtet ist, die ich bei Bedarf wegstellen kann. Im Schlafzimmer bekommen sie die Möglichkeit ihre Schlafbedürfnisse nach zu gehen.
Neben dem Schlafzimmer kommt unsere Küche, wo wir gemeinsam essen. Die Räume befinden sich alle auf einer Ebene und sind alle über einen Flur verbunden.

Hinter dem Haus sind der Garten und die Terrasse, wo der Sandkasten und eine kleine Rutsche aufgebaut ist. Darüber hinaus steht ein großer Hof für die Kinder zur Verfügung.

2.3 Rechtliche Rahmenbedingungen

Ich habe eine Pflegeerlaubnis vom Bundesverband für Tagespflege und des Curriculum des deutschen Jugendinstitutes, die mir die Kinderbetreuung in meiner Wohnung gestattet. Durch die Familienbildung des DRK Rhein-Berg werde ich ausgebildet und in meiner Tätigkeit als Tagesmutter fortwährend begleitet.
Das Betreuungsverhältnis und alle wichtigen Absprachen werden vertraglich fixiert.
Die Fachkraft des Jugendamtes kann die Eltern bezüglich Kostenübernahmemöglichkeiten von Ämtern und Institutionen beraten.
Alle Kinder, die in der Kindertagespflege betreut werden, sind unfallversichert.
Tagespflegepersonen sind bei der Bundesgenossenschaft angemeldet und auch unfallversichert.

2.4 Öffnungszeiten

Ich biete von Montag bis Freitag Betreuungszeiten ab 7 Uhr bis 17:30 Uhr an. Innerhalb dieses Zeitraumes sind die vertraglichen Vereinbarungen über die Anzahl der Betreuungsstunden einzuhalten. Andere Betreuungszeiten sind in Ausnahmefällen möglich und in jedem Fall direkt zwischen den Eltern und der Tagesmutter abzusprechen.

Sollte das Pflegekind ausnahmsweise nicht zur vereinbarten Zeit abgeholt werden, ist in jedem Fall rechtzeitig die Tagesmutter zu verständigen. Aber auf Pünktlichkeit bei der Abholung lege ich schon einen großen Wert drauf. Die Telefonnummern der Eltern und anderer Familienangehörigen sind für „Notfälle" bei mir zu hinterlegen. Ich werde sie rechtzeitig von meinem Urlaubs in Kenntnis setzen.

Uns Tagesmütter stehen lt. Bundesurlaubsgesetz –wie allen arbeitenden Menschen- insgesamt 20 Arbeitstage/Jahr zu, um uns zu regenerieren. Dabei sollten mindestens zwei Wochen zusammenhängend sein.

Kommt keine gleichzeitige Urlaubszeit zustande, ist eine Ersatzbetreuung durch eine andere Tagespflegeperson möglich (siehe 11.). Diese wird im Vertrag vermerkt und sollte rechtzeitig kontaktiert werden. Es ist zu beachten, dass auch für die Ersatzbetreuung eine Eingewöhnungszeit eingeplant werden sollte.

3. Pädagogische Ansätze und Inhalte

Die Pädagogik entwickelt von Maria Montessori sieht in der Entwicklung der Kinder eine Folge von "sensiblen Perioden". Dies sind Zeitabschnitte von begrenzter Dauer, in denen das Kind für die Entfaltung bestimmter geistiger und motorischer Fähigkeiten besonders empfänglich und bereit ist. Die Aufgabe der Erziehung ist, diese "sensiblen Perioden" zu nutzen und dem Kind Möglichkeiten zu schafften, die zu einer hohen Konzentration des Kindes führen.

Die Prinzipien der Montessori-Pädagogik werden vor allem in der Freiarbeit deutlich:

I. Die vorbereitete Umgebung

Damit sich das Kind entwickeln kann, muss die Umgebung kindgemäß sein, denn die Entwicklung vollzieht sich immer im Austausch mit der Umgebung. Der Erwachsene leistet dem Kind eine Hilfe, wenn er die Umgebung den Bedürfnissen der Kinder anpasst. Konkret bedeutet dies, dass der Raum im Vorfeld mit allen notwendigen Arbeitsmaterialien ausgestattet ist. Er ist so vorbereitet, dass sich die Kinder darin zurechtfinden und Geborgenheit erfahren.

Einige Stichworte:
- Der Raum ist klar strukturiert und mit lehrenden Spielsachen angemessen ausgestattet. Alle Dinge haben einen festen Platz.
- Das Spielzeug ist so angeordnet, dass es zur freien Spiel auffordert.
- Das Spielzeug ist den Kindern frei zugänglich
- Der Raum gestattet den Kindern freies Bewegen.

II. Die Freie Wahl des Spielens:

Die Kinder wählen aus dem Angebot heraus, mit denen sie spielen wollen. Voraussetzung dafür ist die vorbereitete Umgebung. Das Kind bestimmt selbst, was, wo, mit wem und wie lange es etwas tun will. Dies hilft den Kindern zu Ruhe und Konzentration zu kommen - ohne Drohungen des Erwachsenen.

Grundzüge der Montessori-Pädagogik:

Durch die Freie Wahl der Arbeit im Sinne vom Spielen kann das Kind seinem inneren Bauplan folgen, denn Kinder wollen nicht irgendetwas lernen, sondern etwas Bestimmtes zu einer bestimmten Zeit. Die Freie Wahl vom Spielen fördert das

Selbstbewusstsein und die Fähigkeit Schwierigkeiten zu überwinden.

I. Das lehrende Spiel- bzw. Bastelmaterial oder Bücher:
Die Spielsachen, Bastelmaterial und Bücher ermöglicht den Kinder selbstständiges Lernen in verschiedenen Bereichen. In jedem Spiel, Bastelmaterial und Bücher wird eine Eigenschaft besonders hervorgehoben, bestimmte Schwierigkeiten werden isoliert und dem Kind somit eine klare Gliederung seines Lernen ermöglicht. Außerdem enthält jedes Bereich eine Lernkontrolle. Damit wird das Kind unabhängig von dem Lob oder Tadel des Erwachsenen.

II. Konzentration
Für Montessori ist Konzentration eine wesentliche Voraussetzung für eine gesunde geistige und motorische Entwicklung des Kindes. Sie äußert sich in wiederholtem Tun aus eigenem Antrieb. Die Kinder versenken sich in eine Tätigkeit während alle anderen Eindrücke ausgeblendet bleiben.

III. Meine Rolle als Tagesmutter,
ist der Teil, die Umgebung vor zubereiten. Ich beobachte ihr Kind und verstehe mich als Helferin von Ihrem Kind. Der Ausspruch eines Kindes an Montessori "Hilf mir, es selbst zu tun" bringt dieses oberste Prinzip zum Ausdruck.
Dem Kind eine Orientierungshilfe zu geben, ist meine Aufgabe, indem ich Ihrem Kind ein Spielzeug, Bastelmaterial oder Buch anbiete. Gleichzeitig trete ich im richtigen Moment in den Hintergrund, damit sich ihr Kind selbst entfalten kann.

> Lehre es mich, und ich vergesse es.
> Zeige es mir, und ich erinnere mich.
> Lasse es mich tun, und ich begreife es."

(Konfuzius)

3.1 Meine pädagogische Schwerpunkte

➢ Respekt erlernen: um Respekt zu lernen, muss ein Kind respektvoll behandelt werden. Ich gestehe meinen Tageskinder die gleiche Würde wie einem erwachsenem Person zu:
- Respektiere die Grenzen und Gefühle der Kinder.
- Die Gestaltung der Privatsphäre meiner Kinder.
- Wenn ich was getan habe entschuldige ich mich und sage, dass es mir sehr leid tut.
- In der Öffentlichkeit vermeide ich mein Tageskinder - besonders vor andere Tageskinder - zu Disziplin oder sich über ihn lächerlich zu machen.
- Meine Tageskinder vergleiche ich nicht mit anderen Kindern, denn sie haben ein Recht darauf, in ihrer Persönlichkeit wahrgenommen zu werden.

➢ Mutig sein: Ich spreche ihrem Kind sehr viel Mut zu, dann kann es innerlich wachsen und sich weiter entwickeln. Ein ermutigtes Kind ist ein lebensfrohes Kind. „Ermutigte Kinder haben Mut."
So spreche ich den Kindern Mut zu:
- Probiere es aus, du kannst es schaffen!
- Wenn du Hilfe brauchst, melde dich.
- Es kann ja mal passieren, dass etwas runterfällt. Mach dir keine Sorgen, dass kriegen wir schon wieder hin.
- Schade, dass es nicht geklappt hat. Versuch es noch einmal, vielleicht geht es dann.

➢ Kommunikation
Liebevoll öffne ich mich, wenn einer meiner Tageskinder mit einer Frage, Mitteilung, einen Anliegen oder Problem zu mir kommt. Ich gebe den Kindern mit Geduld Gelegenheit, sich auszusprechen und höre ihnen gut und aufmerksam zu, wenn es auf mich zukommt. Das ist für meine Tageskinder und für mich sehr wichtig, als ein guter Rat.

Ich versuche alles nachzuvollziehen:
- Was passiert ist,
- Was die Sichtweise des Kindes ist,
- Was die Gefühle des Kindes sind.

Ich teile meinen Tageskindern bei unterschiedlichen Interessen ihre Gefühle mit und verwende sie als „Ich Botschaften": „Ich werde nervös, wenn du dauernd mit dem Löffel auf den Tisch haust."
Ich spreche mit meinen Kindern nicht über sie selbst. Ich vermeide es, wenn ich über mein Tageskind in der Anwesenheit der anderen Kinder spreche so als hätten sie keine Ohren. Dann würde ich das Kind in Verlegenheit bringen und verletzen genauso wie wir Erwachsenen.
So hoffe ich meinen Tageskindern an sich selbst zu glauben mit sehr viel Zuneigung, Verständnis und Geborgenheit.
Ich erkenne die Anstrengungen, Vorzüge und Stärken. So traue ich meinem Tageskind sehr viel zu.

So können meine Kinder vertrauen zu sich selbst entwickeln:
Kinder lernen Verhalte durch Imitation, sie beobachten und experimentieren mit dem Beobachteten. Wenn ich ständig ermahnen und erklären würde bewirkt, dass ein Kind sich dumm fühlt. Auch wenn der Ton eher freundlich und verständnisvoll ist, wird dennoch die Botschaft vermittelt: „Du bist falsch." Sonst würde dem Selbstbild und der Selbstachtung des Kindes damit ein Schaden zugefügt. Ich gebe meine Tageskinder Anerkennung und nehme sie ernst. Mit sehr viel Geduld, wenn es immer wieder einen neuen Versuch startet.
„Ich gebe meinen Kindern sehr viel Raum, um Fehler zu machen."

3.2 Entwicklungsbedingungen und –möglichkeiten des einzelnen Kindes in der Tagespflege

Im Mittelpunkt der Tagespflege steht ihr Kind. Mir ist es besonders wichtig, dass ihr Kind als Individuum mit seinen eigenen Bedürfnissen befähigt wird, sich in die Gemeinschaft einzubringen. In dem jedes Kind die Möglichkeit erhält sich mit anderen

Name, Vorname

Kindern zu beschäftigen und dadurch lernt, soziale Kontakte zu knüpfen und Entwicklungsfortschritte des anderen zu reflektieren. Auch lernt es

- zu teilen
- andere zu respektieren
- hilfsbereit zu sein
- andere zu schätzen,
- aber auch Emotionen auszuleben.

Diese Entwicklung im Kleinkindalter ist für das spätere Leben und das Bindungsverhalten sehr wichtig.

Dabei achte ich darauf, dass sich die Kinder wohl fühlen und knüpfe an die bisherigen Erfahrungen innerhalb der Familie an.

Ich biete ihrem Kind Rückzugsmöglichkeit, damit es nach Bedarf für sich sein kann. Ein separater Bereich fürs Wickeln wurde von mir eingerichtet, um die Intimsphäre der Kinder zu wahren. Kinder, die in ihrem eigenen Rhythmus und den eigenen Interessen folgend lernen, erleben Selbstvertrauen und Selbstständigkeit, als Beispiele sind zu nennen:

- selbständige Einnahme von Mahlzeiten: Am Anfang füttern je nach Alter des Kindes später mit Gabel, Löffel und Messer. Hier wird die Grob- und Feinmotorik, Selbstwertgefühle und Selbstbewusstsein gefördert.
- das Tisch decken: Hier wird die Selbstständigkeit gefördert und der Sinn für Gemeinschaft.

Die Kinder lernen durch Beobachten, Ausprobieren, Nachahmen, Üben und Wiederholen. So verinnerlichen sie das Gelernte am besten.
Genau das ist mein Ziel.

3.3 Sprachförderung

Die Mehrzahl seiner sozialen Erfahrungen macht ein Kind während der Pflege, während es gefüttert, gebadet, gewickelt oder aus- und angezogen wird. Unter anderem wird in diesen Momenten die Sprachentwicklung am intensivsten gefördert.
Bei meinen täglichen Pflegearbeiten mit ihrem Kind, beschreibe ich alles was ich tue. Dabei benenne ich jeden Gegenstand, den ich verwende und jedes Kleidungsstück,

das ich ihnen anziehen werde. Ich sage ihrem Kind genau welche konkrete Handlung ich mir von ihm wünsche z. B. einen Fuß zu heben oder einen Arm auszustrecken. Während ich ihr Kind wickele, steht es im Mittelpunkt meiner Aufmerksamkeit und Zuwendung. Diese ungestörte Zeit, die das Wickeln und Ankleiden ihres Kindes dauert, erlebt es mehrmals täglich als eine lehrreiche Zeit.

Der Dialog zwischen ihrem Kind und mir, der zunächst hauptsächlich auf der Körperebene stattfindet, wird in dem Maße, in dem ihr Kind in der Lage ist, seine Laute zu Worten zu formen zum sprachlichen Dialog. So ist die Zeit des Wickelns von Anfang an auch eine Zeit unsere Muttersprache zu lernen. Ein Beispiel aus der täglichen Arbeit: Ich sage zu Lea „Komm, wir machen Dir eine frische Windel." Lea reagiert, indem sie eine Windel holt. Das tägliche Wickeln nutze ich gezielt, um die Entwicklung der sprachlichen Intelligenz bei jedem Kind individuell zu fördern. Ich lese oder erzähle eine Geschichte von einem Buch. Vorlesen fördert außerdem die Lust auf selber lesen, wenn die Kinder größer sind. Bereits mit einem Jahr haben Babys Spaß daran, mit „Mama und Papa" oder mit mir Bilderbücher anzuschauen. Und ältere regt es an, wenn das Vorgelesene oder erzählte weiter entwickelt wird z.B. durch Malen oder Nachspielen der Gehörten Geschichten.

3.4 Soziale Kontakte zwischen den Kindern und Erwachsenen

Um soziale Kontakte zwischen den Kinder und Erwachsenen zu fördern, pflegen wir Tagesmütter die Kontakte zu anderen Tagesmütter und deren Tageskinder. Auf Spielplätzen werden Kontakte mit anderen Kindern geknüpft. Durch die Einbindung in die Familie kann ihr Kind seine Erfahrungen mit anderen Kindern und Erwachsenen machen. Spielzeuge oder Gegenstände spielen im sozialen Austausch zwischen Kleinkindern auch eine wichtige Rolle. Das Überreichen und Wegnehmen eines Spielobjekts wird zu einer wichtigen Form der Kontaktaufnahme, die sowohl gegenüber Erwachsenen als auch gegenüber Gleichaltrigen Erfolg verspricht und oft Anwendung findet. Wenn es kein Überangebot an Spielzeug im Raum gibt, müssen die Kinder untereinander tauschen. Durch diese Handlung wird das Sozialverhalten geprägt.

3.5 Angebote und Förderung in verschiedenen Entwicklungsbereichen

Spielen und Spielzeug ist für Kinder viel mehr als nur ein Zeitvertreib. Gerade Spiele die die Sinne fordern stehen bei Kindern hoch im Kurs. Daher ist das freie Spiel eines der wichtigsten Punkte meiner Arbeit, weil

- ihr Kind kann frei seinen Spielbereich bestimmen
- es kann sich seinen Ideen hingeben, sich frei entfalten
- es kann seine Phantasie ausleben
- es kann Erlebtes im Nachspielen verarbeiten
- es lernt seine Fähigkeiten und Schwächen kennen, es stößt an seine Grenzen
- es erfährt Selbstbestätigung, aber auch Frustration und Enttäuschung
- es übt sich in Kommunikation und sozialem Verhalten
- es übt sich im Planen und Denken
- und natürlich auch in der Bewegung

Somit ist das freie Spiel das wichtigste Element im Leben ihres Kindes. Kinder lernen und verarbeiten hierbei, was bedeutsam im Leben ist. Deshalb entwickelt ihr Kind ihr Spiel selbst. Das Spiel bekommt eine Eigendynamik. Es werden eigene Ziele gesetzt und zugleich wird im Spiel sowohl Kreativität als auch Eigeninitiative gefordert. Dieses Spiel ist für Kinder bedeutungsvoll, denn die Kinder sind stolz auf ihre eigene Fantasie, die daraus entstehenden eigenen Ideen und am Ende das eigene „Produkt".

Das Selbstwertgefühl steigert sich, wenn Kinder aus dem Spiel lernen. Es dient auch der Aufarbeitung verschiedener Erlebnisse und Sinneseindrücke. Die verschiedenen Spielformen ermöglichen den Kindern einen Weg zu finden, ihre Persönlichkeit zu entwickeln. Das Kind hat in jeder Spielsituation die Möglichkeit, sein Sozialverhalten zu erproben. Damit wird auch die Auseinandersetzung mit anderen Kindern eingeübt. Im häuslichen Bereich spielen die Kinder überwiegend alleine oder mit ihren Geschwistern oder den erwachsenen Bezugspersonen.

Ich denke alle erwünschten Lernziele können in einem ausgeglichen Spiel unter Kindern erreicht werden.

Alle Fähigkeiten, alle Emotionen, alles Leben und Lernen erarbeitet sich Ihr Kind im Spiel, seien es Zusammenhänge, Lernschritte, handwerkliche, soziale und intellektuelle Fähigkeiten.

> „ Kein Meister ist vom Himmel gefallen,
> daher lasst uns „Spielen" ihr Großen,
> damit aus uns auch ein Einstein werden kann."
>
> H.K.

> „Das Kind, das durch selbstständige Experimente etwas erreicht,
> erwirbt ein ganz andersartiges Wissen als Eins,
> dem die Lösungen fertig geboten wird".
>
> Emmi Pikler

4. Pädagogische Arbeitsformen

Ab und zu biete ich besondere Aktionen für alle Kinder an z. B. Fenster bemalen, basteln für Festlichkeiten wie Geburtstage, Ostern, Weihnachten.

Basteln und Malen:
- wird die Phantasie und Kreativität des Kindes angeregt,
- die Vorstellungskraft gefördert
- und die Feinmotorik trainiert.

Gemeinsam mit den Kindern am Tisch sitzen und etwas Schönes zu basteln und kommen zu Ruhe um sich auf seine Finger zu konzentrieren.

Ich lasse die Kinder mit Knete, Breifarbe mit Gummidecke, Wasserfarbe oder einfach nur Wasser experimentieren. Kneten fördert:
- ihre Phantasie
- sie könne abschalten und sich etwas ausdenken
- Feinmoterik

Vorlesen und Bilderbuch angucken:
- fördert die Konzentration.
- Das gehörte kann später nachgespielt oder gemalt werden.
- Sprachenwicklung

Freies Spiel
- üben Kinder abgeschaute Alltagssituationen,
- verarbeiten erlebte Situationen oder gehörte Geschichten.

Um das freie Spielen noch mehr zu unterstützen, gebe ich den Kindern immer wieder mal alltägliche Gegenstände aus unterschiedlichen Materialien, z. B. Wäscheklammer, Pappkarton, Plastikschlüssel.

Da die Kinder das Spiel selbst bestimmen, müssen sie auch die verschiedenen Wünsche selbständig aufeinander abstimmen. Auf diese Weise wird:
- das Sozialverhalten und die Kompromissbereitschaft geschult.

Spaziergänge in der Natur:
- können die Kinder ihre Umwelt erforschen.
- Die Unebenheiten der Bodens wird der Gleichgewichtssinn gefördert.
- Beim Spielen mit Matsch und Sand wird der Gefühlsinn der Haut angeregt
- und außerdem die Grob- und Feinmotorik gefördert.

Der Bewegungsdrang der Kinder wird im gesicherten Gelände (Spielplatz, Feld und Wald) der nötige Raum gegeben die Wahrnehmung zu fördern. Die Kinder können die Natur, die Jahreszeiten, das Wetter „hautnah" erforschen und erleben und lernen dadurch einen respektvollen Umgang mit der Welt in der wir leben.

Der Umgang mit Lebensmitteln und die Mithilfe in der Küche soll den Umgang mit alltäglichen Dingen lehren, die Bedeutung der Nahrungsmittel und des täglichen Essens verdeutlichen und ganz nebenbei die Sinnesorgane (riechen, tasten, fühlen, schmecken) schärfen.

Um die Kinder optimal zu fördern, ist es wichtig, ihre Entwicklungsschritte kontinuierlich zu beobachten. In Zusammenarbeit mit den Eltern will ich die Stärken der Kinder weiterentwickeln und eventuelle Schwächen ausgleichen helfen.
Die konkreten Bedürfnisse der Kinder werden mit den Eltern besprochen und ein gemeinsamer Weg festgelegt.

5. Tagesablauf

07:00 Uhr	Bringzeit - Freie Spielzeit
09:00 Uhr	Morgenkreis abhalten. Die Kinder singen, lernen Fingerspiele, reimen, lachen, erzählen. Außerdem werden die Kinder auf den Tag vorbereitet, indem ich mit ihnen den aktuellen Tagesablauf bespreche.
09:30 Uhr	Gemeinsamen Frühstücken
10:00 Uhr	Aktivität im Freien je nach Wetterlage
11:00 Uhr	Spielen und singen, Mittagessen kochen
12:30 Uhr	Gemeinsames Mittagessen, evtl. Abholzeit
13:12 Uhr	Zähne putzen
13:30 Uhr	Mittagsruhe
14:30 Uhr	Freies Spielen
15:00 Uhr	Zwischenmahlzeit
15:30 Uhr	Aktivität im Freien je nach Wetterlage. Abholung je nach Absprache

Meine Arbeitszeit als Tagesmutter endet nicht mit der Abholung des letzten Tageskindes. Sie geht weit darüber hinaus. Elterngespräche, Weiterbildungsmaßnahmen, Büroarbeit etc. kann nur außerhalb der Betreuungszeiten erfolgen.
Ich wünsche mir, dass die Eltern das alles wertschätzen und anerkennen. Das würde mir meine Arbeit sehr erleichtern.

6. Ziele und Formen der Zusammenarbeit mit den Eltern

Erziehung erfolgt in erster Linie durch die Eltern. In der Tagespflege kann ich diese unterstützen bzw. den Eltern auch Hilfestellung anbieten. Das direkte Gespräch zwischen den Erziehungsberechtigten und mir als Tagesmutter ist die wesentliche Grundlage der Zusammenarbeit. In diesen Besprechungen soll ausreichend Zeit für

Name, Vorname

alle Themen und Gedanken sein, auch Lob und Kritik sind willkommen.
Die Zeit der Kindheit ist kurz. Aus diesem Grund halte ich besonders schöne Momente beim Spielen und Aufwachsen der Kinder fotografisch fest. Diese Fotos werden den Eltern bei Gelegenheit übergeben. Sollten Eltern dies ausdrücklich ablehnen, werde ich diesen Wunsch natürlich nachkommen und keine Bilder des jeweiligen Kindes anfertigen.
Wichtig ist mir die tägliche Kommunikation mit den Eltern um die Vorgehensweise in Erziehungsfragen abzusprechen. In kurzen Gesprächen kann man frühzeitig Missverständnisse aufklären und schlechte Stimmungen vermeiden.

7. Eingewöhnung

Die Eingewöhnungsphase ist nötig, um den Kind genügend Zeit zu geben, damit Ihr Kind seine neue Umgebung offen und neugierig erkunden kann, und die „fremde" Tagesmutter in dem Fall mit mir eine neue Bindung einzugehen.
Ich setze voraus, dass eine Bezugsperson – Mutter oder Vater - während der Eingewöhnungszeit dabei ist und in der Nähe des Kindes bleibt. Für ihr Kind ist der Rückhalt durch sie als vertraute Person sehr wichtig. Dadurch kann es sich die fremde Umgebung und an mich aneignen und vertraut machen.
In Absprache und je nach Situation des Kindes wird dann eine langsame Ablösung schrittweise durchgeführt. Beginn und Umfang werden individuell besprochen.
Die Kinder werden Ihnen eine gute Eingewöhnung danken, daher wird die Eingewöhnungszeit in 5 Stufen gegliedert:

1. Stufe: Informationen zum Eingewöhnungsverlauf:
Ich vereinbare mit ihnen und ihrem Kind einen Termin zum Kennenlernen. Dieser erste Kontakt sollte bevorzugt an einem Nachmittag stattfinden, da hier in ruhiger Atmosphäre eher Zeit aufbringen kann. Sie haben die Möglichkeit die Räumlichkeiten kennen zu lernen und erhalten Informationen zur meiner Tagespflegestelle.
Während wir die Formalitäten erledigen und ein erstes Gespräch führen, kann Ihr Kind das Spielzimmer und die Spielsachen gerne erkunden.

Wir besprechen die Eingewöhnungsphase und welches Elternteil den Verlauf der Eingewöhnung begleiten wird. Sorgen und Ängste teilen Sie bitte vertrauensvoll mit, diese werden von mir ernst genommen. Für mich sind Informationen über die Entwicklungsschritte Ihres Kindes in den ersten Lebensmonaten sehr hilfreich. Ebenfalls wünsche ich mir Auskunft über die Erfahrungen ihres Kindes innerhalb und außerhalb der Familie, sowie über die Vorlieben ihres Kindes.

Eine intensive und vertrauensvolle Zusammenarbeit zwischen Ihnen und mir wirkt sich positiv auf die Eingewöhnung ihres Kindes aus. Kinder haben sensible Antennen und fühlen sehr wohl, ob die Mama und Papa zufrieden und glücklich sind und mich als Vertrauensperson akzeptieren.

Zum Abschluss des Gesprächs vereinbare ich mit Ihnen die Grundphase an drei aufeinander folgenden Tagen zur Eingewöhnung in meinen kleinen Gruppenalltag.

2. Stufe: 3 tägige Grundphase:

Damit der Übergang sich für alle Beteiligten so problemlos wie möglich gestaltet, sollten die Eltern mit dem Kind die ersten Tage gemeinsam zu mir kommen. Sie bleiben ca. 1 Stunde zusammen mit dem Kind und gehen danach wieder mit ihrem Kind. So lernt das Kind die neue Umgebung, die anderen Kinder und mich kennen. Beim Spielen halten die Eltern sich zurück. So kann ich langsam zu ihrem Kind eine Beziehung aufbauen und versuche liebevoll und sensibel mit Spielangeboten oder Beteiligung am Spiel des Kindes, Kontakt aufzunehmen. Sie geben ihrem Kind das Gefühl jederzeit da zu sein,

akzeptieren aber wenn sich das Kind von ihnen entfernt um das neue Umfeld selbst zu erkunden. Sie drängen das Kind nicht dazu sich zu entfernen.

Wenn Ihr Kind mit den neuen Gegebenheiten und Örtlichkeiten vertraut ist, kann man die erste kurze Trennung wagen, indem die Eltern sich z. B. für einen Spaziergang verabschieden. Aber KEIN Trennungsversuch in den ersten 3 Tagen!

Name, Vorname

Nach dem 3. Tag besuche ich Sie in ihren privaten vier Wänden, um dem Kind zu zeigen, dass ich eine vertraute Person bin und auch in ihre privaten Umgebung sogar willkommen bin. Somit verstärkt sich die Bindung zwischen dem Kind und mir.

3. Phase: Trennungsphase

Anhand der Beobachtungen berate ich sie über die Vorgehensweise des ersten Trennungsversuches.

Bringen Sie Ihr Kind in das Spielzimmer und warten, bis sich Ihr Kind mit einem Spiel, einem anderen Kind oder mit mir beschäftigt.

Verabschieden Sie sich kurz von Ihrem Kind, auch wenn es protestiert oder weint und verlassen das Spielzimmer. Bleiben Sie bitte in der Nähe, z. B. im Wohnzimmer oder in der Küche. Zeigt Ihr Kind weiterhin Interesse oder lässt sich nach wenigen Augenblicken dauerhaft von mir beruhigen, sollte die Trennung auf ca. 30 Minuten ausgedehnt werden.

In dieser Zeit können Sie in unserer Küche oder Wohnzimmer verweilen, aber die Wohnung bitte nicht verlassen.

Lässt sich Ihr Kind beim Trennungsversuch nicht dauerhaft von mir trösten oder reagiert es sehr verstört, bitten wir Sie umgehend wieder in das Spielzimmer zurück.

In diesem Fall muss von einer längeren Eingewöhnungszeit ca. 2 – 3 Wochen ausgegangen werden. Ein erneuter Trennungsversuch sollte dann erst in der zweiten Woche stattfinden.

4. Stufe: Stabilisierungsphase:

Akzeptiert Ihr Kind die Trennung, so kann Ihre Abwesenheit in den nächsten beiden Tagen ausgedehnt werden. Auf jeden Fall sollten Sie die Nähe von meiner Wohnung nicht verlassen, um jederzeit erreichbar zu sein.

In zunehmendem Maße werde ich mich als Spielpartnerin ihrem Kind anbieten und auf Signale des Kindes reagieren.

Ich übernehme unter anderem die Versorgung und Pflege ihres Kindes, wie z.B. das Wickeln.

5. Stufe: Schlussphase

Die Eingewöhnung gilt als abgeschlossen, wenn Ihr Kind mich als Bezugsperson akzeptiert und sich von mir trösten lässt. Entscheidend dabei ist es, ob Ihr Kind sich interessiert und fröhlich den angebotenen Aktivitäten zuwendet, wenn Sie sich nicht mehr gemeinsam in der Wohnung aufhalten.

Es kann durchaus vorkommen, dass in besonderen Situationen die Tragfähigkeit der Beziehung zu mir noch nicht ausreicht. In diesen Fällen werde ich sie telefonisch bitten, in meine Wohnung zurückzukommen.

Was sie bei der Eingewöhnungszeit beachten sollen:

- suchen sie sich ein „gemütliches Eckchen" im Raum und verhalten Sie sich grundsätzlich passiv.
- Sie reagieren auf Annäherung und Blickkontakte positiv - nehmen Sie jedoch von sich aus keinen Kontakt zu Ihrem Kind auf.
- Sie drängen Ihr Kind nicht, sich von Ihnen zu entfernen oder Bestimmtes zu machen.
- Sie geben ihrem Kind einen vertrauten Gegenstand wie ein Schnuller, Teddy oder Kuscheltuch mit.

Die Eltern sollten sich nicht mit anderen Dingen und Kindern beschäftigen. Sie sind der, den **„sicheren Hafen"** für ihr Kind spielen.

8. Verpflegung und Gesundheit

Ich lege auf gesunde Ernährung sehr großen Wert. Die Vorbereitung von gesunder Nahrung kennen zu lernen, ist mir das regelmäßige hantieren, werkeln und arbeiten in der Küche gemeinsam mit den Kindern wichtig. Die ganz Kleinen dürfen zuschauen wie das Gemüse geschnitten wird. Die etwas Größeren, dürfen mithelfen z.B. die Kartoffeln aus der Schüssel legen und waschen. Die Knödel selbst zu formen oder die Bananen für den Obstsalat zu schneiden, schärft ihre Wahrnehmung von Nahrungsmittel.

Ich biete den Kindern ein abwechslungsreiches Frühstück an. Sie können natürlich auch von Zuhause morgendliche Brotzeit mitbringen. Das Mittagessen wird frisch

Name, Vorname

gekocht und soll einer ausgewogenen Ernährung gerecht werden. Ich versuche aber auch auf die Wünsche der Kinder ein zu gehen.
Als Zwischenmalzeit gibt es Joghurt, Obst oder Gemüse.
Zum Trinken gibt es Tee oder Wasser. Ich lege großen Wert auf die Zahngesundheit.
Bei mir gibt es grundsätzlich wenig Süßes zum Naschen.
Wenn ihr Kind noch das Fläschchen bekommt oder Gläschen Nahrung, dann bringen Sie bitte alles dazu erforderlich mit.
Allergien, unverträgliche Nahrungsmittel werden im Speiseplan natürlich berücksichtigt.
Dies sollte vor Beginn der Betreuung ausführlich mit mir besprochen werden.

Auf Hygiene wird geachtet, daher waschen sich die Kinder vor jeder Mahlzeit selbstverständlich die Hände. Besonders wichtig ist für mich, dass wir alle Mahlzeiten regelmäßig zusammen einnehmen. Das gemeinsame Essen bietet den Kindern einen festen Rhythmus, der ihnen Ruhe vermittelt. Der Tisch wird gemeinsam gedeckt. Jedes Kind kann nach seinen Fähigkeiten helfen und seinen Beitrag leisten.

Nach jedem Essen werden die Zähne geputzt, je nach Alter mit speziellen Zahnbürsten. Dafür habe ich im Badbereich einen auf die Kindergröße angepassten Waschbereich. Hier steht für jedes Tageskind ein eigener Zahnputzbecher mit Bürste.
Um für Bewegung zu sorgen, gehe ich jeden Tag mit den Kindern raus auch wenn das Wetter nicht so schön sein sollte, um das Immunsystem der Kinder zu verstärken. Daher bitte ich die Eltern stets wetterfeste Kleidung mitzubringen.

9. Bei Erkrankung

Bei akuter Erkrankung ist eine Betreuung in meiner Tagespflegestelle aufgrund der Ansteckungsgefahr und dem verstärkten Pflegeaufwand nicht möglich. Außerdem brauchen kranke Kinder die Eltern – Mama oder Papa - und ihr zu Hause, um schneller gesund zu werden. Bitte verständigen Sie mich in diesem Fall.
          Medikamentengabe durch mich kann nicht erfolgen.
Sollte Ihr Kind während der Betreuung bei mir erkranken, werde ich Sie umgehend

benachrichtigen und Sie bitten, das Kind früher abzuholen bzw. abholen zu lassen. Für den Notfall (Unerreichbarkeit, Unfall) lasse ich mir von ihnen eine Vollmacht für eine sofortige ärztliche Behandlung ausstellen.
Bei Erkrankung von mir gibt es die Möglichkeit einer Ersatzbetreuung durch eine andere Tagespflegeperson oder auch durch Betreuungsplätze, die Ihnen die Agentur für Kindertagespflege in weiteren Tagesbetreuungseinrichtungen anbieten kann. Hierzu werden die Eltern vor Beginn der Betreuung informiert.

10. Zusammenarbeit mit anderen Institutionen und Fortbildung

Ich arbeite eng mit der Familienbildung des DRK Rhein-Berg. Meine Ausbildung zur qualifizierten Tagespflegeperson habe ich dort absolviert. Eine fachliche Unterstützung steht sowohl mir als auch den Eltern meiner Tagespflegekinder durch die jeweiligen Fachkräfte des DRK Rhein-Berg zur Verfügung.
Um eine kontinuierlich qualitative Arbeit zu gewährleisten, nehme ich regelmäßig an Fortbildungen des DRK Rhein-Berg teil.

Schlusswort

Bei mir wird ein lebhafter Austausch gepflegt, was den Tag über alles passiert ist. Ich wünsche mir, dass wir uns gegenseitig informieren, denn nur dann können beide das Kind besser verstehen, Missverständnisse vermeiden, sich dem Kind gegenüber sinnvoller verhalten.
Heruntergeschluckter Ärger und unausgesprochene Kritik führen zu Spannungen, die die Beziehung und in der Folge das Kind verunsichert. Beide sollten also bereit sein, offen ihre Meinung zu sagen, aber auch die Meinung des anderen anzuhören.
Innerhalb der Tagespflege erziehe ich nicht nur meine eigenen Kinder, sondern auch meine Tageskinder. Ich sehe es als meine Aufgabe an, ihr Kind während ihrer Abwe-

Name, Vorname

senheit zu betreuen, zu fördern, zu erziehen und zu beschützen.

Nicht selten sind Eltern und Tagesmutter unterschiedlicher Auffassung, was die Erziehung betrifft. Da ich als Tagesmutter ihr Kind auch erziehe, sollten Erziehungsstil und Erziehungsziele unbedingt untereinander klar dargelegt und Absprachen getroffen werden. Wichtig ist auch, dass diese Absprachen dann verbindlich sind und sich nicht wöchentlich ändern.

Ich hoffe, dass ich ihr Interesse geweckt habe und sie überlegen sich, ob ein Betreuungsplatz bei mir für ihr Kind in Frage kommt! Überzeugen sie sich persönlich, ich lade sie herzlich zu einem Kennenlern-Gespräch mit ihrem Kind zu mir ein!

Bei der Erziehung muss man etwas
aus dem Menschen herausbringen
und nicht in ihn hinein.

Friedrich Fröbel (1782-1852), dt. Pädagoge, 1837 Gründer d. ersten Kindergartens

Tagesmutter
Vorname, Name
Straße, Hs-Nr.

PLZ, Ort

Tel.:
Handy:
Email:

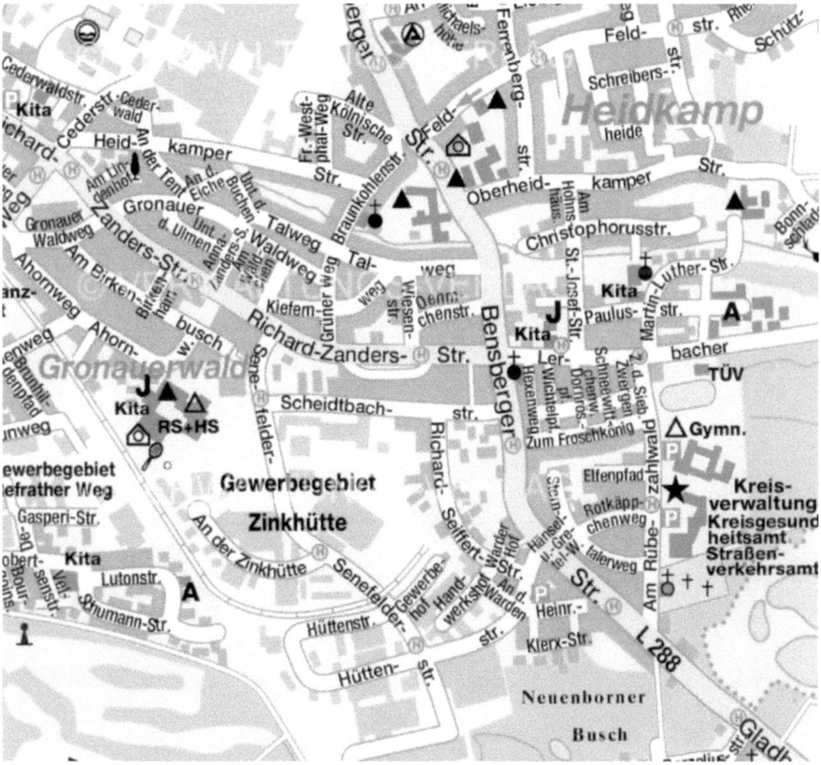